Der Vollerwachte aber
widersprach und sagte ...

Der Vollerwachte aber widersprach und sagte ...

von Helmut Barthel

Helmut Barthel,
"Der Vollerwachte aber widersprach und sagte ..."
© Helmut Barthel
Alle Rechte vorbehalten

Rechte für diese Ausgabe:
MA-Verlag, Stelle-Wittenwurth
ma-verlag@gmx.de
1. Auflage 2016

Satz, Layout und Umschlaggestaltung:
MA-Verlag
Bildnachweis: © MA-Verlag

ISBN 978-3-925718-28-1

*Wo Weisheit gefordert
und Überraschung geerntet wird ...*
H.B.

1. Wanderschaft

In aller Frische ...

Mit Bedacht und voll tiefer Bedeutsamkeit fragte einst ein Philosoph den Erhabenen: "Man nennt dich den Vollerwachten. Was, bitte, soll das heißen?"

Der Vollerwachte sprach und sagte: "Erstaunt bin ich ohne Ende und pausenlos überrascht. Welche Erscheinung sollte mich da lenken und welcher Schatten könnte mich erschrecken? Welche Ursache und Wirkung sollten mich fesseln, wenn mein Staunen bereits ihre Entstehung beendet? Ich bin mir zu keiner Zeit sicher, wann also sollte ich schlafen und welches Bett sollte sich meiner bedienen?"

Mitleid, Deinleid ...

Eines Tages begegnete dem Vollerwachten und seiner kleinen Schülerschar ein Wanderer auf der gleichen Straße zu derselben Stadt. Als die heitere Gemeinschaft diesen schon fast hinter sich zurückgelassen hatte, wandte sich der Vollerwachte um und fragte ihn: "Warum schreitest du so langsam aus? Du mußt doch wissen, daß du eine sichere Herberge und eine kräftigende Mahlzeit nur erreichen kannst, wenn du mit uns Schritt zu halten vermagst."

"Der Hunger schwächt mich", antwortete ihm der Wanderer, "darum habe ich keine Wahl."

Darauf sagte der Erhabene: "Wir haben die Wahl, also schließen wir uns deinem Schritt an und stehen das Unglück gemeinsam durch." Dreien seiner Schüler hingegen gab er den Auftrag, schnell voranzuschreiten, um rechtzeitig die Freunde, von denen sie in jener Stadt erwartet wurden, darüber zu unterrichten, daß sich die Ankunft der übrigen noch um einen Tag hinauszögere.

Aus Rücksicht auf den entkräfteten Reisegenossen mußte die Schar bereits auf der Hälfte des Weges ihr Lager aufschlagen. Die wenigen Vorräte, die sie bei sich hatten, und das Wasser wurden aufgeteilt. Am nächsten Tag erst erreichten sie ihr Ziel. Dort erholte sich der fremde Wanderer und blieb bei ihnen.

Als die kleine Reisegruppe auf ihrer weiteren Wanderschaft etwas später an einem Flußlauf innehielt, um zu trinken, erkrankten alle bald an Durchfall, Erbrechen und Übelkeit und konnten ihren Weg nicht fortsetzen.

Nur der fremde Wanderer war verschont geblieben, weil er nicht von dem Wasser getrunken hatte. So konnte er aus dem nächsten Ort Unterstützung und Hilfe holen, und schon am zweiten Tag hatten sie das Übel überstanden.

Der Vollerwachte ergriff die Gelegenheit zu predigen und sprach: "Mitleid gebiert gerade jenen Abstand, um sich vom Leid der anderen nähren zu können und dessen Herrschaft zu festigen. Trete ich dem Leid jedoch aufrichtig, kompromißlos und unvermittelt entgegen, dann lasse ich das Meine Schaden nehmen, damit das Übrige wächst."

Man sagt, daß bei dieser Gelegenheit die große Zuflucht der Gemeinde geboren wurde.

Der Wind, der nicht weht ...

Auf einer Lichtung in einem Wald, wo er mit seinen Schülern zusammensaß, erinnerte sich Kashyapa und erzählte:

"Einst lauschte ich dem Vollerwachten, als er dem Wind widersprach und ihm entgegenhielt und sagte: 'Mit deinem Rauschen störst du meine Ruhe, also will ich dir die Fläche meiner Haut und die Muscheln meiner Ohren überlassen, wenn dir auch die Sprache fehlt, so kann ich dich doch hören.'

Nachdem es still geworden war, bat ich den Vollerwachten für meine Heimlichkeit zu lauschen um Vergebung und wollte mich von meinem Platz erheben und mich aus seiner Nähe entfernen, aber lange noch hielten mich der Platz, auf dem ich saß, und der Wind, der nicht mehr rauschte, und der Wald, der nichts verbergen konnte, fest im Gespräch."

Träumen stört ...

Einmal saß der Erhabene allein in einer Berghöhle, um zu meditieren.

Da sprachen ihn die Wände an und fragten: "Bist du der, den man den Vollerwachten nennt?"

"Unsinn", antwortete er, "wie könnte ich euch sonst hören?"

Wissen friert ...

Ein Schüler beklagte sich einst bei dem Erhabenen und sagte: "Seitdem ich hier sitze, um zu meditieren, friere ich aufs ärgste, und der Hunger hört nicht auf, mich zu quälen. Wie kann ich mich da konzentrieren und worin sollte ich mich versenken?"

Der Vollerwachte antwortete und sprach: "Genügt dir denn das Zittern nicht in der Kälte, und sind die Schmerzen in deinen Eingeweiden nicht stark genug?"

Schlußfolgerung
einer edlen Verkommenheit ...

Einmal genossen der Erhabene und seine Schülerschar die Gastfreundschaft eines kleinen Dorfes, nachdem sie mit vielen seiner Bewohner über den Sinn der Vier Edlen Wahrheiten und die Vorzüge des Achtfachen Pfades gesprochen hatten.

In gemütlicher Runde, beim andächtigen Verzehr der aufgetragenen Kostbarkeiten einer Vielzahl bestens zubereiteter Gemüse, erlesenster Früchte und süßesten Gebäcks, bot der Dorfälteste dem Erhabenen mit allem Respekt ein kleines Stück Fleisch an von jenem gesottenen Schwein, das für diesen festlichen Anlaß zur Freude aller Dorfbewohner zubereitet worden war.

Zum Entsetzen seiner Schüler und zur Überraschung seiner Gastgeber nahm dieser das Fleisch und schlang es nach langem, genüßlichen Kauen tatsächlich herunter.

"Warum ...", brandete die Frage unter seinen Schülern auf, doch bevor sie ihre Flügel zu einer lautstarken Diskussion entfalten konnte, hob der Vollerwachte seinen Finger und sprach:

"Auf dreifache Weise hat die Seele, die durch die Anhäufung des schlechten Karmas das Leben eines Schweines und seinen Tod erleiden mußte, in der Sekunde, in der ich von seinem Fleische aß und in den Stunden, in denen ich dieses Fleisch verdauen werde, so viel gutes Karma angesammelt, daß sie mit den besten Voraussetzungen, ihre Entwicklung zur endlichen Befreiung vorantreiben zu können, als Mensch wiedergeboren wird. Verschafft sie nicht dadurch vielen Menschen wie auch euch Zeit und Gelegenheit, von den Vier Edlen Wahrheiten zu hören und mit meiner Hilfe die Tugenden des Achtfachen Pfades zu praktizieren und deshalb auch auf die direkteste Weise an der Erleuchtung durch das daseinssprengende Wissen teilzuhaben?

Schlußendlich", fügte der Vollerwachte noch hinzu, "kann mir deshalb kein Karma folgen, weil ich auf diese Weise einer Seele in tiefster Verstrickung auf einem sehr kurzen Weg zur erlösenden Läuterung verholfen habe, nämlich auf solche Art, unmittelbar die Lehre von den Vier Edlen Wahrheiten in mir ernährt und gestützt zu haben."

An diesem Abend gab es keine Diskussionen mehr und viele Schüler wälzten sich

16

im Schlafe, als hätten sie selbst das Stück-
chen Fleisch verschlungen.

Leiden behebt,
wer Achtung erlebt ...

Auf ihrer Wanderschaft stießen der Erhabene und seine Schüler unweit einer kleinen Stadt auf einen schwer erkrankten Bettler.

Der hatte sich zu einem Busch am Wegesrand geschleppt und wälzte sich schmerzgepeinigt auf dem Grase von einer Seite zur anderen. Dabei wimmerte er mal laut und mal leise vor sich hin, fand jedoch auch unter den Augen seiner Entdecker keine Ruhe und konnte deshalb niemandem von ihnen kundtun, was ihm eigentlich fehlte.

Wenn auch die Schüler nervös und unsicher waren, zögerten sie nicht, ihrem Meister zu folgen, als er sich neben dem Stöhnenden niederließ. "Hier wollen wir ein wenig ruhen und schlafen", sprach er und bettete seinen Kopf auf dem freiliegenden Arm des Schwerkranken.

Die Schüler, verwundert darüber, daß der Erhabene in der Nähe solchen Elends seine Ruhe suchen konnte und längst eingeschlafen war, als sie immer noch darüber flüsterten, stellten erst, nachdem sie ihre

Gespräche eingestellt hatten, fest, daß auch der kranke Bettler schlief und daß außer regelmäßigen Atemzügen von ihm nichts mehr zu hören war.

Wie immer war der Erhabene schon wach und stand am Wege zum Aufbruch bereit, als die Schüler wieder langsam zu sich fanden. Auch der Bettler stand am Wegesrand und bat die Gruppe mit lauter Stimme und offensichtlich bestens erholt und genesen, sie eine Weile auf ihrer Wanderschaft begleiten zu dürfen.

Der Vollerwachte nickte dem Bettler zu und wandte sich dann an seine Schüler und erklärte ihnen und sprach: "Der Abgrund meiner Müdigkeit fand einen Boden in dem Arm dieses Menschen, und das Felsmassiv seiner Schmerzen fand den unendlichen Abhang meines Schlafes, um darauf herunterzurollen und in der Belanglosigkeit zu verschwinden."

Nun bemerkten alle in der Gruppe bei ihrer weiteren Wanderschaft, daß die Welt voller Höhen, Niederungen, Felsen, Abhänge und Abgründe war, und diese leidlos zu durchstreifen nicht verschieden davon war, sie voll zu achten.

Brich die Sorge in der Mitte ...

Traurig saß der Bettler am Rande des Markt-
platzes und sann dem sterbenden Tag hinterher. Dabei fluchte er laut und sprach zu
den Umstehenden: "Wieder habe ich die
warmen Strahlen der Sonne verschenkt und
von den Morgenstunden an Zeit und Leben
verschwendet, Gelegenheiten verpaßt und
nichts ist mir gelungen. Es wird wohl mein
gerechtes Schicksal sein, daß auch niemand
davon wissen will."

Der Vollerwachte vernahm die Worte des
Bettlers und wandte sich ihm zu und fragte: "Hat dir denn jemals ein Mensch zuge-
hört oder nach dir gefragt?"

Das veranlaßte den armen Mann, noch
heftiger zu klagen, und erbittert antwortete
er: "Ganz sicher haben mir schon viele zu-
gehört, aber ich habe nichts dabei gewon-
nen. Bestimmt hat mancher auch nach mir
gefragt, aber das habe ich wohl stets verpaßt."

Mit einem Seufzer holte sich der Bettler
einen tiefen Atemzug, doch bevor er aufs
neue anhob zu sprechen, gab ihm der
Erhabene etwas, um seinen Hunger zu
stillen.

Der Bettler wachte am nächsten Morgen mit einem doppelt hungrigen Magen wieder auf. Er sah sich nach etwas Eßbarem um, und ein kleines, abgehungertes Mädchen hielt ihm erschrocken ihren Apfel hin, als sein Blick ihre furchtsamen Augen traf. Nur einmal konnte er hineinbeißen, dann gab er den großen Kinderaugen das Stück Obst wieder zurück.

Kurz darauf nahm er das elternlose Kind bei der Hand und fand nie wieder Zeit zum Hungern und zum Klagen.

Lebensleicht und todesschwer ...

Auf einem einsamen Spaziergang, tief versunken im Gespräch mit jedem, den er traf, gelangte der Erhabene einst an einen Felsen, der an diesem Orte den Wald und die Berge als geschliffener Koloß beherrschte. An seinem Rand stand ein Mensch in der Absicht, sich hinabzustürzen. Und der Vollerwachte rief ihm zu und sprach: "Halt inne und zögere, ich möchte mit dir sprechen."

"Wozu soll das gut sein? Ich werde doch allem ein Ende bereiten, auf daß mich nichts mehr schmerzt und bedrückt", erwiderte der Mann mit entschlossener Stimme.

"Dann hast du nichts mehr zu verlieren und kannst mit deiner Zeit und mit anderen geplagten Leidgenossen großzügig und gnädig sein", bemerkte der Erhabene.

"Nie war einer großzügig oder gnädig zu mir oder hat mir seine Zeit und Zuneigung geschenkt. Warum sollte ich da jetzt noch meine letzte Frist verschwenden", stellte der Einsame trotzig fest und wandte sich wieder dem Abgrund zu.

"Auch ich habe dir nichts geboten und doch hast du alles genommen. Wie willst du selbst im Tode unter diesem Gewicht deinen Schmerzen entkommen", sprach der Vollerwachte dem traurigen Mann hinterher. Er hatte sich indessen niedergesetzt und stand erst auf, als sich der Mann mit den Todesabsichten noch einmal zu ihm umdrehte und sich mit einem gelösten Gesichtsausdruck und ohne jedes Wort bedankte. Bald darauf war er in der entgegengesetzten Richtung im Wald verschwunden.

Wunder schmücken die Gefangenschaft ...

"Als dich der wildgewordene Elefant, den deine Feinde auf dich hetzten, doch nicht niederrannte und am Boden zertrampelte, sondern statt dessen innehielt und stehenblieb", fragte ein Schüler den Erhabenen, "welcher himmlischen Kräfte hast du dich da bedient?"

"Keiner himmlischen Kräfte habe ich mich da bedient, oh Mönch", antwortete der Vollerwachte und sprach weiter, "sondern ich hatte unverzögert mit dem Elefantenbullen die Gewißheit geteilt, daß ich ihm nicht im Wege stünde. Wie du weißt, unterbrach der Elefant seinen Lauf und beruhigte sich. Er hat offensichtlich die Abkürzung gewählt. Du könntest daraus lernen, oh Mönch, indem du aufhörst, nach Wundern zu fragen."

Asana, die rechte Art zu sitzen, die falsche Art zu stürzen ...

Zwei Sadhus hatten einen Streit. Einer von ihnen vertrat die Ansicht, daß das Lotus-Asana, also der Sitz mit gekreuzten Beinen und übergeschlagenen Füßen, am zweckdienlichsten sei, um die größte Aufmerksamkeit, die höchste Wachheit, kurz, das allumfassende Bewußtsein der Erleuchtung zu erlangen. Um sich auszuruhen hingegen und aufs förderlichste Kräfte zu sammeln, sei dafür die Seitenlage auf der rechten mit angezogenen Beinen am geeignetsten.

Der andere war sich sicher, daß der Weg zur unabweislichen Wachheit und damit zum wesentlichen, also letzten Wissen nur über das Asana, auf einem Bein zu stehen, und in diesem Stande tagelang konzentriert zu verharren, führen würde. Die rechte Vorbereitung, um die dafür nötige Energie zu häufen und von ihren materiellen Fesseln zu befreien, wäre dann die Ruhe in der Rückenlage mit himmelwärts gerichteten, geschlossenen Augen.

Der Vollerwachte, von den beiden in ihrem Disput um Rat und Schlichtung gebeten, antwortete ihnen und sprach: "Jedes Asana, jede yogische Leistung und vornehmlich jede Form der Wachheit, der Aufmerksamkeit oder des allumfassenden Geistes ist eine Spielart des gleichen Irrtums, der euch verleitet, ihr könntet darin die letzte und gültige Weisheit und Wirksamkeit gebärende, absolute Ruhe finden.

Ruhe ist ebenso wie Wachheit oder Erleuchtung die Begründung für das jeweilige Fehlen des anderen und damit der wiederholte Beginn, sich in Mangel und Leid einzufinden und darin seinen Platz oder gar einen Sinn zu suchen.

Laßt euer Streben und euren Streit bei mir zurück, und ich werde mich darum kümmern. Ihr aber kümmert euch von ganzem Herzen und mit allergrößter Entschlossenheit um das, was übrigbleibt. Nie wieder werdet ihr nach etwas suchen müssen oder etwas finden, das ihr nicht schon habt."

Das Leid, das Erwachen
und das Lächeln ...

Im Angesicht der untergehenden Sonne fragte Ananda den Erhabenen einmal: "Welchen Sinn soll das Erwachen (Bodhi) haben, wenn die Müdigkeit doch wieder zurückführt in den Schlaf?"

Der Erhabene griff den Faden auf und sprach: "Die Müdigkeit ist der schmerzhafte Versuch, dem Schlaf nicht zu erliegen.

Der Schlaf gleicht dem Vergessen und das Vergessen der Rückkehr in den Kreislauf von Werden und Vergehen.

Also führt der Erwachte die Müdigkeit über den Schlaf und das Vergessen hinweg.

Für den Erwachten gibt es kein Schlafen, kein Wachen und keine Müdigkeit, die sich nicht zu einem fortwährenden Lächeln in seinem Gesicht einfänden.

Welche Position aber sein Körper zu welcher Zeit auch immer einnimmt, niemand und nichts wäre imstande, ihn zu überraschen, zu beeinträchtigen oder seines Tuns und Lassens zu berauben."

Gerade als sich Ananda endlich bereit fand, dem Rausch und dem Trost dieser Worte sein Herz zu öffnen, fügte der Vollerwachte mit blitzenden Augen und eindrücklicher Donnerstimme hinzu: "Das Bodhi erweist sich als der unablässige Traum der Schlafenden, dem Schmerz der Müdigkeit zu entrinnen."

Erschrocken, jedoch ebenso schnell, schloß sich Ananda den Worten des Vollerwachten an und schlußfolgerte: "Niemand braucht zu erwachen, es sei denn, es liegt ihm am immer wiederkehrenden Schlaf und ewiger Müdigkeit."

Freudestrahlend blickte er zu seinem Lehrer hinüber, der sich indessen ausgestreckt hatte und tat, als ob er schliefe.

Achtsam bist du einmal nur ...

Nachdem sie sich zu einer Erholungspause am Rande eines Dorfes niedergelassen hatten, und die Jüngsten unter ihnen schon bald damit begannen, mit den Kindern und den jungen Leuten, die hier lebten, ausgelassen zu spielen, fragte einer von ihnen den Erhabenen, welcher ihnen so aufmerksam zusah, als wäre er selber beim Spielen auf dem Felde dabei:

"Ist es eine Vernachlässigung der Achtsamkeit oder eine Verletzung der Vier Edlen Wahrheiten und ein Verstoß gegen die Regeln des Achtfachen Pfades, wenn ich beim Spielen mit den anderen alles übrige vergesse?"

"Ganz sicher nicht", antwortete der Vollerwachte und sprach: "Nur, wenn du dein Spiel wieder unterbrichst und dich aufs neue um das Verständnis der Vier Edlen Wahrheiten bemühst, wirst du sie verletzen, den Achtfachen Pfad vernachlässigen, und die Achtsamkeit ist dir verloren gegangen."

Der Anfang treibt,
das Ende bleibt ...

Um ihn zu überprüfen, fragte ein brahmanischer Philosoph den Erhabenen einmal und sprach:

"Wunderbar sind deine Reden, Erhabener, untadelig und tiefgegründet deine Lehre von den Vier Edlen Wahrheiten. Alles in allem ist das Leid dein Thema und wie man sich von ihm befreit.

Nun sage mir doch bitte, leidet die Flamme, wenn sie lodert, oder das Stück Holz, von dem sie sich ernährt?"

"Keine Flamme entsteht ohne den Widerstand und den Nährgehalt des Holzes, und kein Holz entsteht ohne die Wärme der Sonne und das Wachstum des Baumes", antwortete der Vollerwachte und fuhr fort:

"Was sollte Leiden anderes sein? Es kennt viele Gestalten und nährt sich vom Werden und Vergehen."

"Wie aber", fragte der Philosoph weiter, "sollte das Leiden in einem Universum des Werdens und Vergehens, also des steten Wandels, gelöscht werden können?"

"Durch die Vollendung des Wandels im eigenen Tun", schlug der Vollerwachte vor.

"Eigentlich", beharrte der Philosoph weiter, "bestätigst du mit deinen Worten nur, daß das Leid doch so unauslöschlich ist wie das Werden und Vergehen und so unabweislich wie der Wandel."

Ungerührt entgegnete der Vollerwachte: "An dieser Stelle setze ich meine Überlegungen nicht fort, sondern vollende vielmehr den verbleibenden Rest."

"Wenn aber der verbleibende Rest auch dem Wandel unterworfen ist, was sollte dann bleiben, das nicht gebrochen wäre und leidvoll wiederkehrt", fragte der Philosoph mit einem Unterton bitteren Triumphes.

"Die Vollendung", sprach der Vollerwachte, "von Anfang an und immer schon."

Sumpfmücken und die Erleuchtung ...

Der Erhabene wurde während einer Meditation von einer Bande Sumpfmücken überrascht und genötigt, seine Augen zu öffnen und für die Mücken offenbar unmißverständlich seinen Arm zu heben.

Diese ließen sich sofort auf einem nahegelegenen Strauch nieder und verhielten sich für den Rest der Meditationszeit still.

Von einem Schüler, der das Geschehen mit innerem Aufruhr und großer Verwunderung beobachtet hatte, darauf angesprochen, erklärte der Vollerwachte wie selbstverständlich:

"Sie kamen, um Blut zu saugen, und ich bedeutete ihnen, daß, wenn sie damit warten würden bis nach der Meditation, ich auch warten würde damit, sie zu erschlagen."

Die Mücken hatten sich indessen aus dem Staub gemacht.

Schreck laß' wach ...

Bei einer seiner vielen Meditationen ge-
schah es einmal, daß sich der Vollerwachte im Lotussitz und tief versunken im
Schlaf antraf. Er hüstelte erstaunt, und sofort wurde auch der andere wach.

Dem Schlaf erscheint
Vergessen wach ...

Von einem plötzlichen Erschrecken und tiefer Unruhe ergriffen, unterbrach Ananda in später Nacht seine Wache, die er mit einigen anderen Schülern und dem Erhabenen ohne jeden Schlaf im Lotussitz verbringen wollte.

Es trieb ihn, nach dem Vollerwachten zu sehen, und er fand ihn schlafend. Ananda streckte seine Hand aus, um ihn zu berühren und zu wecken. Da ertönte aus seinem tiefsten Inneren die Stimme des Vollerwachten, und der sprach zu ihm:

"Öffne die Augen, Ananda."

Seine Augen öffneten sich unverzüglich, und er sah den Erhabenen vor sich stehen. Erschrocken richtete er seinen zusammengesunkenen Körper auf, und der Vollerwachte sprach abermals zu ihm und sagte:

"Vergiß nicht, deine Augen wieder zu schließen, Ananda."

**Solang' ich wand're von
Leben zu Leben,
wird es den Pfad
zum Nirvana auch geben ...**

Während eines unvergleichlichen Sonnen-
untergangs sprach einst der Vollerwachte
eine kurze Predigt und sagte:

"Gelingt es euch, ihr Mönche, die ewige
Wanderschaft von Existenz zu Existenz zu
ihrem unwiderruflichen Ende zu führen,
so habt ihr dem neu erblühenden Samsâra
die ewige Freiheit geschenkt."

Achtsamkeit ist die Geburtstatt der Verirrung ...

Einst unterbreitete ein Edelmann dem Erhabenen eine Frage, die ihm schwer auf dem Herzen lag, indem er anhob und sprach:

"Erscheine ich meinen Mitmenschen mit Getöse, dränge ich mich ihnen auf und brülle sie an, dann heißen sie mich laut und unerzogen, aber sie hören mir zu. Stelle ich mich ihnen in den Weg und zwänge ich mich ihnen auf mit roher Gewalt, dann nennen sie mich einen Unhold, aber sie beachten mich. Bin ich hingegen verständnisvoll und zurückhaltend, dann nennen sie mich freundlich, aber erwarten auch stets, daß ich mich füge und achten mich nicht. Nur aber, wenn ich ihre Achtung, ihre Aufmerksamkeit, ihre Augen und Ohren, und sei es aus Furcht, für mich gewinne, scheint es mir möglich zu sein, mit ihnen ein wirkliches Gespräch zu führen."

Nachdenklich erwiderte der Vollerwachte darauf und sprach: "Was soll entstehen aus dieser Art der Achtung, außer fortgesetztem Lärm und der Mühe, die Aufmerksamkeit immer wieder herstellen zu müssen?

Achtlos und ohne Worte sprichst du doch ungestört zu jeder Zeit und ohne jeden Bruch mit allen Dingen, die um dich herum sind und mit allem, was dich erfüllt und ausmacht. Jedes Wort, das daraus entsteht, öffnet die Himmel, und jeder Fingerzeig wird zum Naturereignis. Und keine Achtung wäre imstande, sich gegen ein Gespräch, das so entstanden ist, aufzurichten und es auf die Schienen und Bahnen der Wiederholung zu zwingen. Die Welt der Gespenster verliert ihren Halt, und die Flucht findet ihr Ende."

Es kann nur reißen, was nicht hält ...

Ein junger Edelmann, der seit einigen Wochen dem Buddha und seinen Schülern schon im respektvollen Abstand auf ihrer Wanderschaft von Dorf zu Stadt und von Stadt zu Dorf folgte, faßte eines Abends den Mut und sprach den Erhabenen während der letzten Tagesmahlzeit an und sagte:

"Durch Intrige, Lug und Trug verlor ich meinen gesamten Besitz und wurde von jenen, die dafür verantwortlich sind, auch noch verstoßen und mit Schande aus dem Haus gejagt. Ich habe meinen Stand verloren und keine Familie mehr.

Wie, Erhabener, kann ich die innere Zerrissenheit überwinden und den Frieden erlangen, den ein jeder braucht, der sich anschickt, den Achtfachen Pfad der Tugend zu betreten?"

Der Vollerwachte antwortete ihm und sprach: "Nur deine Zerrissenheit öffnet dir den Achtfachen Pfad, und der Friede, den du suchst, würde dir seinen Gebrauch verschließen."

Erschöpft ließ sich der Edelmann zwischen den anderen Schülern nieder und seufzte:

"Ich wußte nicht bis heute, wie gewaltig doch der Reichtum der Haus- und Besitzlosigkeit ist und wie leicht die Füße werden, wenn ein Glücklicher wie ich auf den Achtfachen Pfad trifft und ihn nicht mehr verlassen muß."

Unnachgiebig,
nicht beliebig,
vollerwacht,
Reimes Macht ...

Erhaben sprach der Buddha wieder:
"Vier Edle Wahrheiten beachtet
und ringt eure Begierden nieder,
daß ihr im Dasein nicht verschmachtet."
Ananda, der 's stets wissen will,
hielt seinen Mund grad jetzt nicht still:
"Soll der Tod nichts andres sein
als der Dunst und der Verfall,
der, genau wie auch der Schein,
Schmerzen zufügt überall?
Wie kann ich dann sicher wissen,
daß der Achtgefachte Pfad
nicht nur Trug ist und als Kissen
einlädt auf ein andres Rad?"
Es antwortet' und sprach und lachte
dem Schüler dann der Vollerwachte:
"Erst wenn dich die ganzen Fragen
nicht mehr weiter int'ressier'n
und du aufhörst zu ertragen,
gibt 's auch nichts mehr zu verlier'n.
Nichts verlier'n, das ist vollendet,
die Erlösung ward vollbracht,
und kein Weiterleiden wendet
diese Tat, du bist erwacht."

Elend des Wissens ...

Einmal, vor einer großen Menge seiner Anhänger in der Stadt Shravasti im Kloster Jetavana, begann der Erhabene seine Belehrung mit einer Frage:

"Wollt ihr, ihr Mönche, den Achtfachen Pfad nutzen und ehren und so den Vier Edlen Wahrheiten Folge leisten, um dem Leiden vollkommen ein Ende zu setzen?"

Stürmisch stimmten die versammelten Schüler und Mönche der Predigt des Erhabenen zu.

Der Vollerwachte aber unterbrach ihre begeisterte Entschlossenheit nach kurzer Dauer und sprach weiter und sagte:

"So habt ihr bereits verloren und das Leiden mit euren Absichten und Interessen verstärkt.

Das Leiden ist erst aufgehoben und beendet, wenn ihr außerstande seid, euch seiner zu erinnern oder euch nicht wiederfindet, es aus welchen Gründen auch immer zu bedienen."

An diesem Tag schwiegen auch zu später Stunde die Trommeln, die zum Essen riefen.

Die Gier, ein vergessener Gast ...

"Ein Hungergeist quält und verfolgt mich, seit ich mich auf den Weg gemacht habe, mein Selbst zu läutern und die größte Nähe zu Gott zu finden. Dabei gebe ich ihm schon mehr ab, als die Vorschriften es verlangen, von dem, was ich mir erbettelt habe. Der Geist aber will nicht ablassen von mir und sucht mich immer wieder heim. Es sättige ihn nicht und treibe seinen Hunger an, wenn er endlich verschlungen habe, was ich mit ihm teile. Und denk' dir, Erhabener", fügt der Reisende hinzu, "ich leide indessen schon selber schlimmsten Hunger, weil dieser Geist fast alles bis auf wenige Bissen, die mich selbst nicht mehr sättigen, von mir zur Stillung seines schmerzenden Hungers erhält.

Ich frage dich, Erhabener, was kann ich noch tun, um der Plage Herr zu werden und selber endlich einmal wieder satt?"

Der Vollerwachte aber sprach und sagte: "So schlinge denn alles, was du auf deinem Bettelgang an milden Gaben bekommen kannst, unverzüglich herunter und bewahre nicht einen einzigen Krumen, um den Hungergeist zu trösten oder zu beruhigen."

Wenn auch ängstlich und mißtrauisch, so folgte doch der Gottsucher dem Rat des Erhabenen noch am selben Tag. Schon nach wenigen, gierig verschlungenen Bissen fand er sich so satt, daß er den Überfluß der vielen Gaben gut mit seinen Brüdern und Schwestern teilen konnte.

Fortan hatten seine Weggenossen immer mehr als genug zum Verzehr, und er selber litt nie wieder Hunger.

Der Geist aber war seit diesem Tag für immer verschwunden.

2. Von Schülern und Gelehrten

Kashyapas Geheimnis ...

Der Vollerwachte sprach und sagte, während er eine Blume brach und emporhielt:

"Seht, ihr Mönche, diese gebrochene Blüte, so habt ihr ein Beispiel für die wahre Leidenskette, weshalb denn hat der Mönch Kashyapa gerade gelächelt?"

Flammendes Nirvana ...

Der Vollerwachte sprach und sagte:

"Strebst du das Nirvana an, ehrwürdiger Ananda, dann hast du dich dem Winde schon ergeben und der Flamme lieferst du dich aus."

Verwirkte Ursachen ...

Einst hielt der gelehrte Brahmane Ambatt-
ha vor dem Erhabenen und seinen versammelten Schülern eine Münze direkt über
dessen Bettelschale in die Höhe und sprach:

"So wie diese Münze in deine Bettelschale
fällt, wenn ich sie loslasse, so unausweich-
lich und unabwendbar und durch nichts
zu bestreiten ist das Gesetz von Ursache
und Wirkung."

Der Vollerwachte aber stieß die Bettelschale
auf die Seite, bevor die Münze ihr Ziel fand,
und fing sie mit einem schnellen Griff seiner Hand auf, um sie dem erstaunten Gelehrten zurückzugeben. Dabei sprach er
und sagte:

"Aus jeder Wirkung, ihr Mönche, entsteht
ihre Ursache. Jedoch muß aus keiner Ursache eine Wirkung entstehen. Es gibt deshalb
kein Gesetz von Ursache und Wirkung, sondern nur die Fesseln der Wirkungen, aus denen statt der Entstehung weiterer Ursachen
auch die Befreiung gelingen kann."

In Ehren begehren ...

Der Erhabene sprach zu seinen Anhängern und Schülern:

"Wenn das Begehren oder die Gier die Wurzel des Leidens ist, so wäre doch jede Anstrengung, sie zu entfernen und auszureißen, namentlich der Achtfache Pfad mit der Frucht der Erleuchtung und der Saat der Lehre, die wildeste Erscheinungsform der Gier und der Erfolg der ausgerissenen Wurzel der sicherste Grund für ihre ewige Wiederkehr. Wenn jetzt also die gestillte Gier und das erfüllte Verlangen den Dharma der Geburten zutiefst fördern und begründen und für unabsehbare Zeiten am Leben halten kann, so würde doch die unerschöpfliche Gier und das unerfüllbare Verlangen jenen Faden zerreißen und den Fortbestand von Werden und Vergehen und die Herrschaft von Ursache und Wirkung zum letzten und endlichen Streite stellen.

Also, ihr Mönche, widersetzt euch der Wurzel des Leidens, indem ihr nicht aufhört zu begehren und nicht nachlaßt zu verlangen, bis alle Erfüllung zu ihrem Ende gelangt und alles Bestehende aus dem Wege geräumt ist."

Die Fessel der Erleuchtung ...

Der Vollerwachte aber sprach und sagte zu allen Buddhas, Bodhisattvas und Erleuchteten:

"Gehet hin zu meinen Nachfolgern und den Trägern des Achtfachen Pfades und legt ihnen diese Frage vor: Wann, ihr Mönche und Freunde meiner Lehre, werde ich endlich im Kerker des Nirvana gestört und von der Fessel der Erleuchtung und dem Thronsaal meiner Illusionen befreit?"

Götterspeise ...

Die ersten Strahlen der Sonne boten dem Vollerwachten ihren Gruß, denn sie fanden ihn nicht schlafend. Da sprach Agni, der Gott des Lichts und der Lenker der Sonne, zu ihm: "Du scheinst überall zu sein, denn von den anderen Göttern weiß ich, daß es keinen Ort, keine Stunde und keine Gelegenheit gibt, wo man dich nicht trifft."

"Nirgendwo halte ich mich auf, wie sollte ich nicht überall sein?" entgegnete der Erhabene.

"Wie könnte es dir jemand gleichtun?" fragte der Gott des Lichts voller Entzücken.

Der Vollerwachte aber sprach und sagte: "Ein jeder kann es mir gleichtun. Nimm du nur meinen Platz ein, den deinen werde ich dir lassen."

Ein Sonnenstrahl verließ seine Bahn, und viele Sonnen trafen sich in diesem Augenblick.

"Ich wußte nicht", sprach da der Buddha, während er sich von seiner Schlafstatt erhob, "daß die Morgensonne so warm und belebend sein kann. Nun, da ich es weiß, fallen alle Pflichten und Ketten und mit ihnen die Mächtigen und Götter."

Seither trifft die Sonne jeden Morgen auf den Vollerwachten, und ihre Wärme ermüdet seine Sinne.

Die Götter aber wärmen sich an seinem Wissen und Vergessen.

Wer die Vergänglichkeit bezwingen will, verhilft ihr zum Leben ...

Einst faßte der ehrwürdige Ananda sein Verständnis der Lehre von der Vergänglichkeit aller Dinge zusammen, indem er den Gedanken daran zu pflegen riet, so daß alle Gier, alles Nichtwissen und jeglicher Ich-Wahn erst dadurch ausgerissen werden. Er erinnerte daran, daß der Vollerwachte einst sprach und sagte:

"Gut, Ananda, daß du deine Überlegungen und dein Mißverständnis meiner Lehre von der Vergänglichkeit noch einmal so deutlich dargelegt hast. Denn ist es nicht gerade die Vergänglichkeit und der Gedanke daran, der jeden Anschein von Halt oder Dauer und von Sinneslust oder Körperlichkeit so unabweislich und einzigartig macht? Wie sollte sich der Erleuchtete und Wissende dem widersetzen, ohne gerade alles das zu verursachen und auf ewig fortzusetzen, was er längst als vorübergehend erkannt und als haltlos verworfen hat. Meidet also, ihr Mönche, nicht die Sinneslust, die Körperlichkeit und das Glück, ebensowenig wie ihr dem Karma, dem Leid oder den Schmerzen als Ausübende meiner Lehre aus dem Wege gehen solltet."

Der Weg ist der Irrtum ...

Einst erzählte Ananda und überlieferte, wie er den Erhabenen und seine Worte über den Weg zur Befreiung verstanden hatte.

Dieser hatte erklärt:

"Es ist sicherlich nicht schwierig, ihr Mönche, im Dschungel fehlinterpretierter Methoden und mißratener Überlieferungen einen Weg zu ihrem ursprünglichen Nutzen und Gebrauch zu entdecken.

Fast unmöglich dagegen erscheint es mir dann jedoch auch, diese Deutung als die Technik zur Erleuchtung und zur vollständigen Befreiung schlußendlich vermeiden zu können.

Darum, ihr Mönche, benutzt ihr meinen Weg oder meine Methode erst dann auf vollendete Weise, wenn euch ihr Gebrauch oder seine Entdeckung zum Ausschluß und nicht zur Wiederholung der darin verkörperten Irrtümer führt."

Falsche Lehre, rechter Schluß ...

Einst redete der ehrwürdige Ananda voller Leidenschaft und Begeisterung über die strahlende Lehre des Erwachten.

Also sprach dieser:

"Ihr solltet, Mönche, nicht sammeln, hüten und lehren, sondern leben und wandeln wie jedermann, denn erst, wenn eure Mitmenschen nichts verstehen oder lernen müssen von euch und eurer Weisheit, ist dieselbe vom Falsch und Makel des Geheimnisvollen frei und der Weg ins Nirvana unversperrt."

Karma, Mummenschanz und Eigentum ...

Einst erläuterte der Erhabene Buddha seinen Schülern das Karma, das das Eigentum der Lebewesen sei und sie in hohe und niedrige scheide.

Dann allerdings lenkte er den Blick der Mönche auf eine Lösung und sprach: "Macht alles zur Eigentumsfrage, denn würde es keinen Besitz und kein Eigentum unter den Menschen mehr geben, wo sollte da noch Platz für Karma, für das Elend und die Armut der Unterschiede oder die Gewalt und Gefangenschaft von unten und oben vorhanden sein?

Alles wüchse doch aus zu der Kraft einer Gemeinschaft, wo der einzelne so stark ist wie alle, und alle so bedeutend und unwechselbar wie der einzelne. Dem Nirvana und der Erleuchtung wäre dann sicher ihre Grundlage, nämlich das Karma, abhanden gekommen, aber würde es jemand ermissen?"

Störfall Nirvana ...

An einem jener warmen Abende, an dem sich kein Lüftchen regte, sprach einst der Vollerwachte rätselhafte Worte und sagte:

"Viel Verwirrendes, ihr Mönche, löst das Nirvana aus, wenn es den Menschen veranlaßt zu verstehen.

Auf diese Weise möchte ich es euch gern erklären: Die Flamme, die erloschen ist, entzündet das Öl, und der Wind, der nicht weht, sammelt sich zum Sturm."

Suche und du wirst vergessen ...

Einst sprach ein Reisender den Erhabenen an und fragte: "Sag mir doch, Meister, wie kann ich es lernen, alle Illusionen zu durchschauen und mich so von jedweder Täuschung und jedem Irrtum befreien?"

Der Vollerwachte antwortete ihm und sprach: "Sollte es dir je gelingen, eine Illusion zu durchschauen, dann kann es keine gewesen sein, und du bist ihr schlußendlich vollends erlegen.

Und ein Irrtum, den du bereinigst, kann nicht unvollständiger sein wie seine Berichtigung."

Erlösung, nein danke ...

Einmal zu später Stunde sprach der Voller-wachte nach langen und ermüdenden Dis-puten zu seinen schläfrigen Schülern und sagte:

"Kehrt ihr, Mönche, dereinst als Voller-wachte und Erlöste ins Nirvana ein und habt das Samsâra für immer und unwie-derbringlich durchschritten, so gibt es kei-ne Erlösung mehr für euch.

Strebt ihr statt dessen fortwährend und wacker die Erlösung an, ohne ihrer jemals teilhaftig zu werden, so bleibt sie euch für immer erhalten."

Tischlein, weck mich ...

"Ist dieser Tisch eine Illusion?" fragte einst ein Kaufmann den Vollerwachten, während er sich mit beiden Händen auf den reich gedeckten Tisch stützte, an den er den Erhabenen und seine Schüler geladen hatte.

"Die Illusion ist ein Tisch", erwiderte dieser und sprach weiter, "und er steht dir ausschließlich im Wege und wird dir zur Fessel und zum unüberwindlichen Hindernis, solange du nicht gedanken- und rückhaltlos Gebrauch von ihm machst."

Sich wert zu erweisen,
heißt endlos zu kreisen ...

Einst sprach der Vollerwachte zu einem Kreis besonders eifriger Schüler:

"Solange sich jeder von euch, ihr Mönche, um die Erlösung bemüht und nach der Befreiung von allen Dingen forscht, wird er sie auch finden.

Sollte jedoch einer seine Bemühungen um die Erlösung beenden und seine Forschung um die Befreiung von allen Dingen einstellen, so wird er sie auch nicht brauchen."

Erleuchtung und alles andere ...

In seinen späten Tagen predigte der Vollerwachte einmal zu seinen Anhängern und
sprach:

"Solange, ihr Mönche, euch das Feuer des
Tages oder die Glut der Nacht erreicht und
solange ihr die Nähe und die Ferne ver-
nehmt oder selbst in tiefster Umnachtung
nichts mehr zu sehen vermeint, solange
wißt ihr um den Unterschied.

Der Unterschied ist die Quelle und der
Zweck der Erleuchtung wie die Kerze oder
das Brennholz die Nahrung und die Erfüllung der Flamme ist. Also nährt die Erleuchtung den Unterschied und festigt den
Schein. Sucht, ihr Mönche, aber nicht die
Erlösung, die Befreiung oder die Überwindung, dann findet die Erleuchtung auch
nicht das Gegenteil und ihr Erlöschen
schließt jede Wiederkehr aus."

Leuchtender Irrtum ...

Auf einem Spaziergang in der gleißenden Nachmittagssonne hielt der Vollerwachte plötzlich inne und sprach zu seinen Beglei-tern:

"Und dem, der nicht erleuchtet ist, dem leuchtet statt dessen die Sonne."

Vollkommenheit, das unstete Nirvana ...

Einst predigte der Vollerwachte einer kleinen Schar seiner Schüler und Nachfolger:

"Die Wünsche, Sehnsüchte und Hoffnungen, die sich nicht erfüllen, gebären die Vollkommenheit.

Das Löschen des Durstes nenne ich Vollkommenheit. Das Befriedigen einer Gier nenne ich Vollkommenheit. Die Wiederholung von dem einen oder dem anderen allerdings nenne ich leiden.

Der Achtfache Pfad, ihr Mönche, in welchem ich euch unterwies und dessen einziger Zweck ist, sich vollkommen, das heißt zunehmend und ausschließlich mit der vergeblichen Überwindung des Leidens und seiner Ursachen zu befassen, ist in dem steten Bemühen, nicht davon abzuweichen, geeignet, die Wiederholung und damit auch die Wiederkehr an ihren Geburtsort zu verweisen und auf diese Weise der Vollkommenheit alles zu überlassen, was als Ich und die Welt zuvor Platz gegriffen hatte.

So wäre denn das Nichtwehen des Windes oder die erloschene Flamme, ihr Mönche, die unmißverständlichste Zusammenfassung aller meiner Lehrreden, Gespräche und Bemühungen."

Die ewige Hütte ...

Ein sehr in sich gekehrter und dem Leben offenbar verschlossener Brahmane teilte als Gast und Seelenbruder einige Stunden der Erholung und eine gut bereitete Mahlzeit mit dem Erhabenen am Ende einer langen, gemeinsamen Wanderschaft auf derselben Straße.

Nach der Opferung des größten Teils seines Mahles und dem zunehmend entspannten Verzehr des kleinen Restes lehnte er sich an einen Baum und blickte dem Erhabenen mit ernsten Augen unverwandt ins Angesicht.

Fast erschraken die Umsitzenden, als er den Erhabenen scheinbar plötzlich und unvermittelt ansprach und fragte: "Wenn die Welt doch nur Schein und Täuschung und die Wirklichkeit nur Lug und Trug ist, Erleuchteter, so antworte mir: Wovon soll ich mich befreien?"

Der Vollerwachte sprach und sagte darauf zu dem Brahmanen: "Von dem Aufwand und dem Schmerz, nach der Wahrheit zu suchen, und danach Ausschau zu halten, was nicht Lug und Trug sein könnte."

Der Brahmane hob den Kopf, sah in den Himmel, dann seufzte er und sprach: "Immer schon wollte ich mir eine Hütte bauen und ein kleines Feld bestellen."

Und voller Freude sprang er auf und begann zu arbeiten.

Erkenntnis und Täuschung
zur Strecke gebracht ...

Einst predigte der Vollerwachte über Maya, Täuschung, und die Wirklichkeit um der Erleuchtung willen, und er sagte den versammelten Mönchen und sprach:

"Eine Illusion ist nicht zu durchschauen oder als solche zu erkennen, denn wie könnte sie sonst wohl eine gewesen sein?

Die Wirklichkeit aber, ihr Mönche, braucht niemand zu durchschauen oder zu erkennen, bei ihr ist sich der Erwachte stets klar darüber, was er nicht will und was er nicht bereit ist zu erdulden oder hinzunehmen. Diese Klarheit wird auch Erleuchtung genannt und mehr oder anderes gibt es dem Nirvana nicht hinzuzufügen."

Zwischen dem Anfang
gibt's kein Ende ...

Nach langer Zeit der Gefolgschaft sprach einmal ein sehr ernsthafter Mönch den Erhabenen an und fragte:

"Verehrter Meister, wenn es mir nicht bereits im diesseitigen Leben gelingt, die Befreiung zu erlangen, könnte mir nicht durch richtige Unterweisung in den drei Zwischenzuständen (Bardo) nach meinem Ableben das Erkennen meines Geistes und das Verbleiben im Nirvana viel leichter möglich werden?"

Darauf antwortete der Vollerwachte ihm und sprach: "Wenn du schon erkannt hast, daß du von Zwischenzuständen (Bardo) sprichst, dann wirst du auch wissen, daß diese weder mit dem Geist noch mit dem Nirvana in Verbindung gebracht werden können."

Etwas trotzig erwiderte der Mönch: "Das klingt für mein Verständnis ziemlich aussichtslos, so als gäbe es unter keinen Umständen eine Chance, die Befreiung zu erlangen."

"Das liegt daran, daß die Befreiung keiner Aussichten und keiner Chancen bedarf", stellte der Erhabene richtig und fuhr fort, "solange du etwas anstrebst, hast du es nicht erreicht. Beendest du jedoch dein Streben nach der Befreiung, so bist du immer noch bemüht, ihr Fehlen durch Nichtstreben zu ersetzen, also kannst du sie auch dann nicht erreicht haben. Sollte es dir nicht reichen, kein Gefangener dieser Verwirrung mehr sein zu müssen?"

Zornig schlug der aufrichtige Mönch seine Faust auf den Boden und verzog schmerzlich sein Gesicht.

Der Vollerwachte ließ nicht ab von ihm und fragte voller Mitgefühl: "Hast du dich der Befreiung nun näher gebracht?"

"Nein", antwortete der Mönch, vom plötzlichen Begreifen gepackt, "denn dann müßte ich ja immer noch darauf verzichten", und seine lange und tiefe Verbeugung sprach ihre eigene Sprache.

Der Vollerwachte aber fuhr fort damit, sich vom langen Marsch zu erholen und auszuruhen.

Die Schatten der Erleuchtung ...

"Es gibt, ihr Mönche, eine Erleuchtung, die erhellt und begeistert den menschlichen Verstand und seinen wohlgefälligen Intellekt aufs äußerste.

Sie gibt den Buchstaben toter Schriften ihre Schatten zurück und kleidet sie wieder mit Fülle und Gehalt. Als Philosophie und Lehrgebäude wird solche Erleuchtung über denselben blinden Betrieb vor den immer gleichen Karren menschlicher Interessen gespannt und baut sich dort wie alle übrige Fron und Fessel zu einer weiteren Lebenslast aus. Sie ist trotz ihrer Eindrücklichkeit und Verbreitung mit der Unwissenheit zutiefst verwandt. Sie ist jedoch stark genug, um eine Vielzahl von Menschen von dem naheliegenden Schritt abzulenken, sich gegen den fundamentalen Unterschied und das Spektrum aller Schmerzen, Leiden und ihrer Gefangenschaft in dem Gefüge zu stellen, das zudem ausschließlich durch ihre Unwissenheit genährt wird.

Das ist der Irrtum der Erleuchtung, der uns hindert, den wirklichen Streit zu entzünden."

Ein Schüler erregte sich sehr und fragte in die Rede des Erhabenen hinein: "Welche Natur, Erhabener, welche Dummheit sollte uns veranlassen, dem kleinen Licht und Schatten eher Beachtung zu schenken als den wenn auch unbegreiflichen, jedoch fundamentalen Unterschieden und ihrer Bedeutung? Warum sollte der Mensch da noch mit dem Offensichtlichen und Überschaubaren seine Zeit verschwenden?"

Der Vollerwachte antwortete seinem Schüler und sprach: "Verspricht nicht das kleine Licht in der Nacht viel mehr, als die Sonne des Tages halten kann?"

Die zweite Stufe
oder Versenkte kehren wieder ...

Ananda sprach zum Erhabenen nach langer Meditation: "Ich muß Samadhi erreicht haben, doch kann ich mich schon jetzt nicht mehr daran erinnern. Ob es wohl ein Irrtum war?"

Der Vollerwachte antwortete ihm und sprach: "Ganz sicher hast du Samadhi erreicht, die Frage wird dein Irrtum sein."

Ananda unterwies seither die Schüler des Erhabenen in den vier Stufen der Versenkung und wurde fortan von aller Welt als Dhyana-Experte geschätzt und geehrt.

Karma mit Hand und Fuß ...

Ein langjähriger Schüler des Buddha und ein großer Gelehrter seiner Zeit sprach den Erhabenen eines Tages mit dem gebührenden Respekt an und trug ihm diese Rede vor:

"Gehört nicht die Tat (Karma) der Vergangenheit an und kann mitnichten noch einen Einfluß auf Gegenwart und Geschehen nehmen, und wäre dann nicht der Versuch, sich von seinen Taten (Karma), deren Folgen und Früchten befreien zu wollen, gerade die goldene Brücke, dem Karma jene Gewalt zu verschaffen, von der es sich wiederum zu befreien gelte. Weder die Auflösung des Karmas, noch die Erlösung von allen seinen Konsequenzen und Folgen, denke ich, dürfte deshalb das Thema einer Lehre von vollkommener Befreiung sein."

Der Vollerwachte nickte verständnisvoll und sprach:

"Das wäre wohl richtig, hättest du nicht gerade eben wieder viele Zeitalter mit Karma angefüllt und ausgerüstet und so für maßlose Zeiten ihren Betrieb gesichert.

Ich aber werde ganz sicher fortan mit dir darin verweilen und auch über endlose Zeiten unseren Streit darüber mit dir zum vollständigen Erlöschen bringen."

3. Dispute

Das Rad der Lehre sammelt,
seine Drehung aber befreit ...

Ein hochgeachteter, ranghoher Brahmane suchte den Erleuchteten mit der Bitte um Belehrung und die Beseitigung seiner Zweifel zu einem abendlichen Gespräch auf, dem ich, Ananda, das Glück hatte, beizuwohnen.

Unumwunden kam der Brahmane zum Kern seiner Kritik und fragte den Erhabenen: "Hat nicht das Rad der Lehre mit seinen Speichen der Achtfachen Tugend und der Nabe der Vier Edlen Wahrheiten den Menschen gänzlich an das Leid gefesselt und der Freiheit zu leiden beraubt, ihn auf diese Weise der Ewigen Wiederkehr vollends ausgeliefert?"

Der Vollerwachte zögerte nicht und fragte ihn: "Leidest du nicht unter der Last deines Körpers, unter dem Druck des eben Verdauten oder unter der Fron deiner Pflichten?"

"Wie jeder andere Mensch auch", antwortete der Brahmane.

Der Erhabene erwiderte: "So erkennst du jetzt die Leichtfertigkeit deiner Überlegungen darin, daß du so schnell bereit bist, dem Spiel von Frage und Antwort zu folgen, denn die Last deines Körpers leidet unter dir und der Druck des eben Verdauten ist auf dem Weg, dich zu verlassen, derweil du dich mühst, es festzuhalten, während die Fron deiner Pflichten die Schmerzen unerfüllter Wünsche und Sehnsüchte auf den Plan ruft. Und so, mein lieber Freund", sprach der Vollerwachte weiter, "ist das Rad der Lehre ein Schmiedewerk aller Irrtümer und Vergeblichkeiten, und mit dem Schwung seiner Drehungen um die Achse der letzten Bemühungen entwendet dieses Rad der Wiederkehr den Thron ihrer Herrschaft und den Platz für ihren Fortbestand."

Der Brahmane bedankte sich mit den Worten: "Du hast mich vom Schmerz des Grübelns und der vergeblichen Mühe, davonzukommen, zu meiner vollen Entschlossenheit befreit."

Der Vollerwachte nickte ihm aufs Verständigste zu und sprach: "Auch ich hab' dich gern und mag dich leiden und bin sicher, du wirst davon nicht lassen."

Wege schleifen, Spuren greifen ...

"Erhabener, so sag' mir doch", fragte eines Tages Ananda den Vollerwachten, "wie strebe ich Vollendung an?"

Der Vollerwachte antwortete und sprach:

"Das Ende, lieber Ananda, hast du immer vor dir, der Anfang hingegen liegt zumeist zurück, und voll sind doch nur Gefäße, die in dieser Klemme stecken. Warum also, Ananda, sollte Vollendung so erstrebenswert sein?

Vielmehr, unvollendet hältst du dich frei von allem, das deine nächsten Schritte fesseln könnte oder bricht, und du bleibst davon verschont, jemals zu ermüden am Weg oder zu sterben an deinen Spuren."

Frage, Antwort - Maß und Sicht
aber alles ist das nicht ...

In einer Diskussion fragte ein junger Mönch den Vollerwachten: "Wie, Erhabener, kann ich die Kette von Ursache und Wirkung jemals unterbrechen, ohne daß sogleich wieder eine neue entsteht?"

Der Vollerwachte zögerte nicht und sprach: "Wenn du verstanden hast, daß die Kette erst wegen ihrer Unterbrechung Kette genannt wird und daß Ursachen erst durch ihre Wirkungen entstehen, dann wüßtest du dein Streben nach Antworten zu unterbinden, und die Antworten würden keine weiteren Fragen und die Fragen keine weiteren Antworten gebären."

"Also soll ich aufhören damit, überhaupt Fragen zu stellen", warf der junge Mönch mit erstauntem Gesichtsausdruck ein.

"Sollte es dir gelingen, deine Frage durch meine Antwort nicht vergessen zu machen, dann könnten wir dort verweilen und ins Gespräch kommen", erbot sich der Vollerwachte dem fassungslosen Fragesteller.

Der mittlere Weg ...

Der Vollerwachte sprach und sagte:

"Der mittlere Weg führt deshalb, ihr Mönche, zur Erleuchtung und zum Nirvana, weil ihn der Vollendete, wenn er ihn erkannt, durchdrungen und verstanden hat, gar nicht erst beschreitet. Ebenso wie er die beiden anderen, Askese und Prasserei, vermieden hat, wird er so auch dem Extrem des mittleren Pfades entgegentreten."

Die Vier Edlen Wahrheiten ...

Der Vollerwachte sprach und sagte:

"Was aber, ihr Mönche, sollte die Vollkommenheit anderes bedeuten, als keinen Gedanken, keine Sorge und keine Tat an sie verschwenden zu müssen?

Wenn aber, ihr Mönche, kein Gedanke, keine Sorge und keine Tat verschwendet wird, wo und wann sollte Leid entstehen? Ohne Verschwendung von Gedanken, Sorgen und Taten gibt es auch den Ursprung des Leidens nicht.

Um welches Ende des Leidens also, ihr Mönche, sollte der Erwachte sich kümmern und welcher Achtfache Pfad wäre dafür erforderlich?"

Wissensverfall ...

Der Vollerwachte sprach und sagte:

"Sollte ein Mensch von seiner Gefangenschaft wissen, ihr Mönche, so wird dieses
auch Freisein von Unwissenheit genannt.
Wie kann aber jener sich, ihr Mönche, aus
der Gefangenschaft befreien, ohne wieder
der Unwissenheit zu verfallen?"

Maya ...

Der Vollerwachte sprach und sagte:

"Nicht ist die Bettelschale, ihr Mönche, eine Illusion (Maya), sondern die Illusion ist eine Bettelschale. Durchschaut jemand eine Illusion, so kann es keine gewesen sein."

Vergeßlichkeit, die auch befreit ...

"Immerfort entgleiten mir Gedanken und Gefühle ebenso wie die Konzentration auf die Mitte", beschwerte sich einst ein Schüler des Erhabenen. "Oft vergesse ich meine ursprünglichen Absichten, meine Aufgaben und manchmal sogar, warum ich mich mit was beschäftige. Überhaupt, meine Vergeßlichkeit beherrscht fast ausnahmslos das Feld, wenn ich es genau nehme. Wie sollte ich mich da an den Achtfachen Pfad und all die Regeln, um ihn erfolgreich zu beschreiten, halten können?"

Der Vollerwachte sprach, während er mit einer fahrigen Bewegung Kreise in den Sand strich:

"Wenn du dich an etwas halten mußt, kannst du es auch verlieren. Solltest du Besitz anstreben, um dennoch sicher zu sein oder Kontrolle auszuüben, so geht das erste mit Gewißheit früher oder später verloren und das zweite scheitert mit Sicherheit an der Unaufhörlichkeit.

Vergiß einfach ohne Wehmut und ohne Reue. Erinnerst du dich nicht, hörst du auch auf zu leiden darunter, fortwährend zu vergessen. Denn du leidest nur unter deinem Vergessen, wenn du etwas behalten willst. Mach dich also auf, Mönch, und vergiß und vergesse nach Herzenslust, bis sich auch durch Erinnerung nicht mehr leugnen läßt, was bleibt."

Das Hindu-Huhn
oder das Buddha-Ei ...

Der Vollerwachte sprach und sagte:

"Der Dharma, ihr Mönche, ist die Verkörperung des Gesetzes, und der Buddha ist
eine Manifestation der Verkörperung. Der
Buddha ist wie die Zunge des Menschen,
die über die Welt spricht, ohne daß sie jemals die Welt war, ist oder sein würde. So
kann und braucht, ihr Mönche, auch der
Buddha nicht als eine Erscheinung des Gesetzes ihre Verkörperung sein oder werden."

Die Not der Tugend oder
der Schrecken des Gleichgewichts ...

In der Predigt von Benares sprach der Vollerwachte über den Mittleren Weg der Erleuchtung und sagte:

"Und so, ihr Mönche, könnt ihr lernen, wenn ihr mit gebotener Konzentration und voller Aufmerksamkeit meinen Ausführungen gelauscht habt, daß die dritte und größte aller Übertreibungen der Mittlere Pfad sein muß. Als Pfad zur Vermeidung der beiden anderen Übertreibungen führt er zum Nirvâna der Tatenlosigkeit oder zu dem Verhängnis tugendhaften Tatendrangs.

Jene beiden anderen Übertreibungen, nämlich die der völligen Entsagung und die der ausgiebigen Prasserei, hält der Mittlere Pfad auf seine Weise in einer steten Balance und verhindert, daß sie an dem ungewogenen Gewicht ihrer Existenz verenden."

Gebrochenes Rad, gesparter Weg ...

Einst hörte ich den ehrwürdigen Ananda über den Haß sprechen, der, als ewiges Gesetz, allein von der Liebe besiegt wird. Er sagte, daß der Vollerwachte fragte und sprach:

"Wird ein Mörder durch den Tod seines Opfers besiegt oder ein Wegelagerer durch das Gut, das er dem Beraubten entwendete? Ein ewiges Gesetz, ihr Mönche, wird ewig gebrochen."

Bodhisattvas kommen und gehen ...

Der Vollerwachte sprach und sagte: "Geburt und Sterben sind der Dharma und die ewige Wiederkehr ist das Nirvana.

Wie, ohne Wiederkehr, ihr Mönche, und wovon, ohne Vollkommenheit, sollte der Mensch sich befreien? Was wäre der Vollerwachte ohne den Schlaf der Welt und was wäre der Bodhisattva ohne das unermüdliche Streben nach Erlöschen? Was, ihr Mönche, wäre das Nirvana ohne die Welt oder das Leiden, von dem es befreit? Was wäre der Wind, der nicht weht, ohne die Stürme und die aufpeitschenden Wogen des Meeres? Was wäre die Flamme, die nicht brennt, ohne den Dharma der Sonne, des Vulkans oder der Feuerstelle in kalten Nächten?"

Geschmack ist nicht verschieden ...

Einst hörte ich den Erhabenen rätselhafte Worte sprechen, als er sagte, daß die Lehre des Erwachten nur einen Geschmack habe, nämlich den der Befreiung.

Dann jedoch fuhr dieser fort und sprach: "Wer aber sonst sollte den Geschmack des Salzes kennen als der Bedürftige und wer anderes sollte die Freiheit schmecken können als der Gefangene?

Welche Lehre auch immer, ihr Mönche, meinen Worten zugesprochen werden kann, sie wäre so schwer wie jede andere Fessel auch."

Wiedergeboren, nicht eingetroffen ...

Der Vollerwachte hob das Werkzeug, wandte sich ab und sprach:

"In der Kette, die der Schmied schlägt und die der Sklave zerbricht, wird die Welt mit ihren Gespenstern immer wieder geboren.

So schlage das Eisen, ohne zu schmieden, dann entfesselst du die Unbotmäßigkeit der Nichtwiederkehr; denn welche Geburt und welches Sterben, ihr Mönche, sollte sich dem Schlag ohne Ende und Folgen auf Dauer durch fortgesetzte Wiederkehr entziehen können?"

Der eigene Schrei ...

Einst erklärte der Vollerwachte und sagte:

"Lange Zeit nach meinem Ableben und meinen persönlichen Erklärungen werden Falschdeutungen und Fehlschlüsse zu meinen Lehren mehr Herzen und Menschen erreichen, als ich je in meinem Leben getroffen habe.

Führt nicht jedes Wissen von der Freiheit, das sich in der Gefangenschaft herangebildet hat, in die Gefangenschaft zurück, und ist nicht jedes Wissen von der Freiheit, das in der Gefangenschaft entsteht, nur ein Irrtum und der Keim fortgesetzter Gefangenschaft?

Ob das Glück oder die Erleuchtung, die ein Mensch in der Welt des Leides und der Schmerzen zum Ausdruck bringt, auch nur das Geringste mit der vollständigen Befreiung von eben jener Welt zu tun haben kann, ist äußerst zweifelhaft.

Worin denn sollte, ihr Mönche, sich der Freudenruf eines Erleuchteten von der satten Zufriedenheit eines fleischverzehrenden Gourmets unterscheiden oder worin, ihr Mönche, sollte der Triumph oder Freudenruf eines Barbaren, der seine Artgenossen erfolgreich abschlachtet, von dem Freudenruf des Erwachens verschieden sein?

Denn wer, ihr Mönche, den Schmerzensschrei eines Lebewesens hört, ohne unverzögert einzugreifen, die Pein zu unterbrechen oder zu lindern, dem muß sogar das Wissen über die Schmerzen abgesprochen werden, weil er die Schreie der Qual nur vernommen und nicht als die eigenen erkannt hat."

Hab' ich keine Ordnung mehr, gibt's auch keine Wiederkehr ...

Nach dem Wesen seiner Bemühungen und seiner Lehre befragt, sprach der Vollerwachte einmal und sagte:

"Das Dharma, ihr Mönche, das ich erkannt habe und das ich euch verkünde, lehrt uns die Nutzlosigkeit und die Gleichgültigkeit dieser Ordnung und dieses Universums für unser Ansinnen, uns von seiner leidvollen Umarmung zu befreien.

Solange wir mit dem Reiz jeder damit verknüpfbaren Lehre und jedes damit verfügbaren Wissens auch nur liebäugeln, bleiben wir Gefangene aller damit verbundenen Irrtümer. Sich diesem Reiz allein, ihr Mönche, in seinem ganzen Reichtum zu widersetzen, schlägt dem Schicksal das Zepter aus der Hand und raubt dem Karma seinen Fortbestand."

Zahnloses Karma ...

Während eines Disputs über universelle Gesetze und das Karma fragte ein Mönch den Erhabenen: "Lehrt uns das Karma [die Tat] nicht seine Früchte [Phala] und seine Folgen [Akushala] zu fürchten?"

Der Vollerwachte sprach und sagte: "Wenn den Taten was auch immer folgt, so doch nicht demjenigen, der sie vollbracht hat. Vollbrachte Taten bleiben zurück und mit ihnen ihre Gefolgschaft."

Wenn das Nirvana das Leid nicht kennt, wie soll es von seinem Ende wissen ...

Einst fragte Ananda den Erhabenen bei einem Spaziergang nach einer langen Meditation ganz im Vertrauen:

"Warum, Erhabener, bist du, wenn es dir gelang, dich sogar über den höchsten Thron der Götter zu erheben und dich auch von ihren Regeln und Gesetzen zu befreien, auf diese niedrige Stufe, deinen Schülern den Achtfachen Pfad der Tugend zu lehren, zurückgekehrt?"

Der Vollerwachte tat einen großen Seufzer der Erleichterung und antwortete und sprach zu Ananda:

"Nachdem ich die höchste Stufe der Freiheit und des Erwachens für mich erreichen konnte, weist doch das Leid zahlloser Existenzen und das unbarmherzige Karma nicht die kleinsten Anzeichen dafür auf, etwas von seiner Herrschaft eingebüßt zu haben.

So wisse denn, Ananda, solange es noch den Pfad und die Lehre von der Befreiung vom Leiden und zur Überwindung des

Karmas gibt, solange ist weder das Karma noch das Leiden zum Erlöschen gebracht noch der Weg zu Ende gegangen worden, doch handelt es sich um so unabweislicher um die rechte Auslegung des Dharmas, den Pfad zur Erleuchtung und zur Überwindung der Leiden und ihrer Ursachen zu praktizieren.

Solange also wer auch immer, wann und wo und wie auch immer noch etwas darüber weiß, fühlt, erfährt oder erleidet, kann seine Vollendung des Weges nur darin bestehen, ihn fortzusetzen. Und das Vollerwachtsein ist der wissende Umgang mit der unumkehrbaren Beharrlichkeit dieses Strebens und Begreifens."

Drei Stufen der Erleuchtung
oder ein Sprung ...

Einmal nahm der Erhabene seinen ersten Schüler beiseite, während alle anderen sich anschickten, zur Ruhe zu gehen, um ihn zu unterweisen.

"Es sind, Ananda, die bekanntesten und am meisten angestrebten Erleuchtungen, nämlich das menschliche Verstehen und Begreifen, ergänzt durch die Archive der Schriften, der Verzeichnisse und jener Erkenntnisse, die im Lichte ihrer Ansprüche als unentbehrliche Werkzeuge der Menschheit im allgemeinen und den Gelehrten oder den Wißbegierigen im besonderen zu dem Eindruck größerer Vollkommenheit verhelfen.

Eine weitere und mächtigere, also viel weitreichendere Erleuchtung ist die freudvolle und uneigennützige Zuwendung vieler Menschen ihren Brüdern und Schwestern gegenüber, ebenso wie achtungsvolle und mitfühlende Zuwendung auch der übrigen Mitwelt gegenüber, angestoßen durch das unausweichliche Beispiel eines zu diesem Tun und Denken befreiten Menschen, der dann zu jenem Vorbild auswächst, das für die Entfaltung eines trittsicheren Pfades zur Überwindung von Leid und Not und ewiger Sterblichkeit unverzichtbar zu werden verspricht.

Die größte und durch nichts zu überbietende Erleuchtung aber wäre die, mit geschlossenen Augen bei vollständiger Finsternis und ohrenzersetzender Stille zu sitzen, welche nichts anderes übrigließen vom armseligen Reichtum zahlloser Wiederholungen, Manifestationen und Erscheinungen, als nicht mehr daran anhaften zu können und den Erleuchteten, so befreit von Existenz und von Leid und Sterblichkeit, deshalb in den Stand versetzen, nicht auf das kleinste Quentchen der Unwissenheit mehr verzichten zu müssen."

Wer wach sein will, will leiden ...

Geplagt von tiefen Zweifeln fragte Ananda im Anschluß an eine Predigt einst den Erhabenen:

"Kann die Befreiung und Auflösung von Leid nicht am Ende nur bedeuten, Frieden mit der Welt und dem Dasein geschlossen zu haben?"

Der Vollerwachte nahm Ananda beiseite und antwortete ihm im Flüsterton und sprach:

"Deshalb habe ich die Leidenskette erfunden und den Achtfachen Pfad, damit die Rebellion und die Ablehnung der Welt und des Daseins unauslöschbar in die Herzen und Sinne meiner Schüler geschrieben werden.

Denn das Leid und seine Kette läßt keinen Frieden mit der Welt aufkommen, und die Freiheit, sich von ihr zu lösen, bleibt bestehen."

Das niederste Streben,
die größte Erhabenheit ...

Einst fragte ein zorniger Brahmane den Erhabenen: "Was, Ehrwürdiger, kann dich veranlassen, dich in deinen Predigten, Erklärungen und Bekenntnissen über die Götter, das Weltall und zu guter Letzt auch noch über das Karma zu erheben, wenn du im Kern deiner Lehren behauptest, man könne die Welt und das Leid überwinden und sich von seinem Schicksal befreien?"

Der Vollerwachte blickte dem Brahmanen gerade in die Augen und erklärte ihm: "Menschen wie du geben mir den Anlaß, mich zu ihren Fragen und ihrer Not zu erheben, und der Streit mit den Göttern, mit dem Weltall und mit dem Schicksal wird unvermeidlich."

Tief erschrocken und beglückt verneigte der Brahmane sich und sprach: "Bis zum heutigen Tag habe ich nicht gewußt, wie erhaben meine Schamlosigkeit und wie edel meine niedere Natur ist, daß du auch mich so kurz entschlossen heimzuführen vermochtest."

Die Freiheit des Windes ...

Ich hörte den Vollerwachten einst seinen Schülern erklären, als er sprach:

"Nirvana, ihr Mönche, die Vollkommenheit des Windes also, wenn er nicht weht, oder die Freiheit der Flamme, wenn sie erloschen ist, wird schließlich nur von jenen erreicht, denen die Flamme, wenn sie brennt, und der Wind, wenn er weht, zum unwiderlegbaren Beispiel für die Erlösung von jedweder Wiederkehr in das Schattenreich der Hoffnungen, der Befürchtungen und der Erwartung geworden ist.

Denn, ihr Mönche, die Flamme, die erloschen ist, wäre eine Kerze, die ihrer Entzündung harrt, und der Wind, der nicht weht, wäre die Stille, die Platz schafft für Geräusche."

Blendwerk Erleuchtung ...

Der Vollerwachte sprach und sagte:

"Wer noch die Erleuchtung sucht, ihr Mönche, dessen Verblendung taugt nicht einmal für das Licht des Verstandes."

Meditation ...

Der Vollerwachte sprach und sagte:

Lange Zeit habe ich geträumt,
lange Zeit habe ich geschlafen
und lange Zeit habe ich meditiert.
Ich konnte, ihr Mönche,
den Unterschied nicht finden.
Darum bin ich indessen vollkommen
erwacht.

4. Über den Tod

Wiedergänger ...

Im kleinen Kreise seiner Schüler aber
führte der Vollerwachte zu den Mysterien,
Abgründen und Gründen der Wiederge-
burt abschließend und kurz angebunden
dieses aus, als er sagte und sprach:

"Wer, ihr Mönche, den Folgen der Wieder-
geburt erliegt, muß von den Früchten ewiger Kreisläufe zehren, ohne je Sättigung zu
erfahren. Wer aber bemüht ist, mit welcher
Methode auch immer, nicht mehr wiedergeboren zu werden, der muß die Früchte
der ewigen Kreisläufe mit allen Konsequenzen der Wiederkehr nur bis zu jener
Reife tragen, welche immer schon in dem
Schoß der Geburten ihrer Sättigung harrt."

Abgründe ...

Der Vollerwachte sprach und sagte:

"Ebenso wie Wasser nicht grundlos nach unten fließt, ihr Mönche, widersetzen wir uns nicht grundlos dem Sterben und fürchten nicht grundlos den Tod."

So lang' du willst ...

Einst hörte ich den Erhabenen zu den Mönchen sprechen:

"Die Nacht ist für den Wachenden so lang, wie er den Schlaf sucht oder den Tag ersehnt.

Für den Erschöpften ist die Straße so lang, wie er nach Erholung verlangt.

Des Toren Wanderschaft durch zahllose Leben, die im Tode enden, ist so lang wie der Pfad, der ihm den Ausweg verspricht."

Nur die Umkehr ist vergeblich ...

Einmal begann der Vollerwachte zu predigen und sprach:

"Wie das Wasser nicht ohne Grund nach unten fließt, fürchtet der Mensch nicht ohne Grund den Tod. Wie das Wasser sich im Flußbett einfindet und in die Tiefen des Meeres taucht oder in den Spalten der Erde verschwindet, um stille und sprudelnde Quellen zu speisen, oder sich alsbald an der Oberfläche des Meeres sammelt und als Wolkendampf doch dem immer gleichen Verhängnis der Wiederkehr erliegt und die Fesseln des Wechsels kreuzt, so kreuzen auch ohne jeden Halt Leben und Tod die unendliche Wiederkehr vergeblicher Flucht und treffen doch nie ihr Ende."

"Wie, Erhabener, kann der Mensch dann aber seinem Schicksal entrinnen?"

Darauf erwiderte der Vollerwachte: "Eine solche Frage begründet alle Wiederkehr und fesselt an das endlose Schicksal der Flucht. Dort, wo das Wissen um das ewige Wesen der Flucht, des Mangels, der Not und das Streben, sie zu überwinden, nicht genügt, dort bestellt die Unwissenheit der Unterscheidung das Feld."

Ein anderer Mönch fragte den Vollerwachten dann resigniert: "Warum sollte ich mich noch um den Achtfachen Pfad bemühen, wenn doch alles vergeblich ist?"

Der Erhabene entgegnete verständnisvoll: "Wer sich um den Achtfachen Pfad als Werkzeug der Befreiung bemüht, verzichtet auf die Freiheit.

Nur beschritten werden kann der Achtfache Pfad und das, ohne umzukehren oder zurückzublicken, denn so wird er für jeden anderen Menschen freigehalten.

Das Schicksal von Ursache und Wirkung, das Karma oder die Fessel der vergeblichen Flucht reichen hier nicht hin."

Schmerzendes Nirvana ...

Einmal baten Freunde und Anhänger den Erhabenen an das Sterbebett eines alten Mitstreiters, der sich lange für die Lehre des Achtfachen Pfades eingesetzt und verwendet hatte. Als der schwerkranke, alte Mann die Gegenwart des Erhabenen bemerkte, richtete er sein Wort an ihn:

"Quälende Schmerzen regieren meine letzten Tage und Stunden und ich sieche dahin. Was soll mir das Nirvana, die Erleuchtung oder der Achtfache Pfad da helfen, oder welche Zeit bliebe mir, sie anzustreben?"

Der Vollerwachte antwortete und sprach:

"Sollte nicht gerade dein betagtes Alter dir die Gewißheit geben, daß es nicht die Zeit ist, die dir fehlt, und daß keine Brücke, kein Weg und keine Hilfe ins Nirvana führt.

Hast du nicht ohne jede Hilfe zu jeder Zeit deines Lebens alles genommen, verbraucht, verzehrt, genutzt und erfahren bis zu diesem Augenblick? Möchtest du deinen Glauben, Hilfe könnte etwas anderes sein als wieder an den Anfang zu gelangen und Zeit etwas anderes bedeuten als reines Verges-

116

sen, weiter für dich sprechen und leben lassen?"

Nach einem sehr kurzen Schweigen antwortete der alte, kranke Mann mit kräftiger und freier Stimme:

"Viel zu wenig Schmerzen gibt es auf der Welt, um das Nirvana und die Gewißheit zu erlangen. Von Anbeginn habe ich mich nicht bemüht."

Noch in derselben Nacht verschied der alte Mann, und seine Schmerzen und sein Gram waren nicht mehr zu ihm zurückgekehrt. Sein Anblick aber soll der eines gesunden Schlafenden gewesen sein.

Inkarnationsstau ...

Ein Mönch fragte den Vollerwachten eines Abends nach langer Meditation: "Wohin, Erhabener, gelangen wir nach unserem Tode?"

"Wohin", fragte der Vollerwachte zurück, "gelangst du während deines Lebens?"

"An viele Orte und wohin ich will oder, im Schicksalsfalle auch, wohin ich muß", antwortete der Mönch aufrichtig.

"Nirgendwo anders hin gelangst du auch nach deinem Tode", erklärte der Vollerwachte und verschloß für diesen Abend seine Augen und seinen Mund.

Der Harlekin des Verzichts ...

"Trennt nicht der Tod mich vollständig vom Leben, von Leid und von der Existenz und löscht mich aus für immer?" fragte einst ein Philosoph den Vollerwachten.

Der Vollerwachte antwortete und sprach: "Wohl lauert er auf dich und harret deiner, der Tod, er neckt dich und er droht dir zudem, so daß du, außer dir vor Furcht und tief in deinem Inneren, keinen anderen Wunsch aufkommen läßt, als ihn zu meiden oder zu umgehen. Auch trachtest du, ihn zu bezwingen oder zu leugnen, um ihm zu entkommen. In deinem Streben jedoch, den Tod derart zu erwischen, daß du ihn aus deinem Dasein fegst, fesselst du dich mehr und mehr an den Weg der Wiederkehr und des Leidens und kannst grad deshalb seiner nicht habhaft werden.

So wirst du es dann versäumen, diesen Trieb, die Furcht und den Wunsch zu leben als seine Behausung zu begreifen und unterbindest die Freiheit, nicht wiederzukehren und wirfst sie statt dessen dem Leben als Tod zum Fraße vor. Das Leben schlußendlich kleidet den Tod zu seinem Gespielen der ewigen Wiederkehr und der andauernden

Wechsel, um die Herrschaft über das unveränderliche Bleiben zu erlangen.

Suchst du also den Tod, findet dich das Leben. Machst du jedoch von dem Wissen Gebrauch, nichts vom Leben auszulassen, ohne nach mehr zu verlangen, so hat der Tod seine Macht und seine Stellung verloren. Denn am Beginn heißt er Ende und am Ende Beginn, und er ernährt sich aus den Schmerzen der Unwissenheit."

Seelenwitterung ...

Einst sprach den Erhabenen ein streitlusti-
ger Philosoph an und fragte ihn: "So gib
mir doch ein Beispiel oder eine Idee, Erhabener, von dem ewigen Selbst oder der unsterblichen Seele, die in so vielen Gestalten
wiederzukehren pflegt."

Der Erhabene nickte und antwortete: "Die
Witterung ist die Seele des Hundes, wohl
endet seine Suche nie, und er jagt ihr ewig
nach. Wie aber sollte sie ihm verloren gehen?"

"Wenn aber", erwiderte der Philosoph, "der
Hund doch das Zeitliche segnet und stirbt,
wo bleibt da dann das ewige Selbst oder die
unsterbliche Seele?"

Der Erhabene wies mit dem ausgestreckten
Arm in die Ferne und antwortete: "Vor ihm
nahmen schon viele Hunde die Witterung
auf, und es taten neben ihm so viele, daß es
nach ihm immer noch kein Ende nimmt
mit der Suche und der ewigen Jagd."

"Wenn", so versuchte es der Philosoph noch
einmal, "nun aber alle Hunde sterben und
das Ende aller Lebewesen kommt, was ist

dann mit dem ewigen Selbst und der unsterblichen Seele?"

Der Vollerwachte schüttelte verständnisvoll den Kopf und sprach in leisem und verschwörerischen Ton: "Solange wir noch darüber sprechen oder daran zweifeln, kann ich das Ende der Seele nicht erkennen."

Der Philosoph wandte sich grübelnd ab und suchte Wege in tiefster Zerrüttung, seine Überraschung und die unsterbliche Seele wieder voneinander zu scheiden.

Trost ohne Halt ...

Ein Schwerkranker fragte einmal den Erleuchteten:

"Wie sollte mich aber die Lehre von der Vergänglichkeit der Welt trösten oder erleuchten, wenn ich längst bemerkt habe, wie alles um mich herum von der Haltlosigkeit verschlungen wird, und jeder Gedanke und jedes Gefühl in mir der Vergänglichkeit und der Vergeßlichkeit erliegt?"

Der Vollerwachte antwortete und sprach:

"So wie das Wasser das Flußbett erfrischt und tröstet mit springendem Leben, und wie das Flußbett der Wüste die Treue hält und sie über das Auge hinaus begleitet bis an ihren Rand, und wie die Wüste, die auf den Himmel trifft und ihn beschirmt und begrenzt und, mit seinem Licht beschenkt, unwandelbar leuchtet und sich nicht verbraucht zum bloßen Troste, so wandelt sich auch die Antwort nicht."

Schwungrad der Wiederkehr ...

Eines späten Abends trat ein Sadhu aus dem Schatten des nahe gelegenen Verbrennungs- und Bestattungsplatzes an den Vollerwachten heran und stellte ihm ohne Umschweife diese Frage:

"Ist nicht, Erhabener, der Tod am Ende unser aller Meister? Und ist es nicht unsere Furcht vor ihm, die uns zu leben antreibt und auf diese Weise das Rad der Wiederkehr in Schwung hält?"

Der Vollerwachte antwortete unverzögert und sprach:

"Warum, heiliger Mann, klammerst du dich so sehr an den Tod, als würdest du sein Ende fürchten?"

Der Sadhu warf sein karges Gewand ab, klopfte sich die Asche vom Körper und kehrte zu seiner Heimstatt auf dem Bestattungsplatz nie wieder zurück.

Das Rad des Vergessens
zum Stillstand bringen ...

Ananda, voll der Trauer, fragte den Erhabenen an seinem Sterbebett:

"Verehrter Lehrer, gehst du nun für immer fort oder bleibst du immer bei uns, um deine Schüler bei der Errichtung der Lehre vom Achtfachen Pfad zu stützen und zu stärken?"

Der Vollerwachte sprach und sagte:

"Ich gehe ebensowenig von euch fort, wie ich zu euch gekommen bin. Seid ihr nicht alle zu mir gekommen und deshalb auch in der Lage, bei mir zu bleiben?

Stärkt euch an der Lehre der Vier Edlen Wahrheiten und stützt euch auf den Achtfachen Pfad, den ich hinter mich brachte, damit ihr in derselben Mühe und im gleichen Streben bei mir bleiben könnt."

Nachdenklich fragte Ananda weiter:

"Was aber soll dann das Nirvana und was soll die Erleuchtung sein, wenn wir doch bei dir bleiben?"

Der Erhabene nickte und fuhr fort:

"Das Nirvana ist alles, was ihr statt dessen zurückgelassen habt, und die Erleuchtung ist das Vermögen, genau das nicht mehr zu vergessen."

Und lächelnd fügte der Erhabene noch hinzu:

"Kein Vergessen, keine Wiederkunft, kein Leid."

5. Abschied von der Trennung ...

Abschied von der Trennung ...

"Erinnert euch", sinnierte der Erhabene, als er sich ein letztes Mal mit einer kleinen Gruppe seiner Schüler an jener Straßengabelung niederließ, an der sich ihr gemeinsamer Weg für immer trennen sollte, "erinnert euch und vergeßt nicht, was ich bemüht war, euch aufzuzeigen, zu erklären und als Wissen zu hinterlassen."

"Du sprichst, Erhabener, von den Vier Edlen Wahrheiten und dem Achtfachen Pfad, welche du uns auf so mannigfache Weise nahegebracht und erläutert hast", stellte Ananda mit ernster Miene fest.

"Nicht nur und nicht zuerst", erwiderte der Vollerwachte und sprach weiter und sagte: "Dem Schicksal der ewigen Wiederkehr bin ich entgegengetreten und habe mit meiner Lehre ein Werkzeug geschaffen, mit dem sich das Karma des Leides aufreiben und im Lichte der Reibung überwinden läßt.

Zu einer anderen Zeit und in einer anderen Schlacht werde ich durch das zugewandte und konsequente Gespräch derselben Reibung zu einer neuen Geburt verhelfen, in deren Lichte Festgefügtes und Unhinterfragtes in der menschlichen Gesellschaft erschüttert und zu einem neuen Aufbruch gewandelt wird.

Wie sich nun der Weg vor unseren Augen gabelt und wie verschiedene Richtungen eingeschlagen werden, so treffen doch die Straßen in der Geschichte der Menschheit auch wieder zusammen und, gespeist von den unterschiedlichen Kulturen, Wissenschaften und Errungenschaften, könnten sie zum Wohle des menschlichen Geschicks ihren Zweck noch erfüllen.

Laß du, Ananda, dich nicht ablenken", wandte sich der Vollerwachte seinem engsten Schüler am Ende noch einmal zu und fuhr fort: "Du wirst mich weiter begleiten und unterstützen zu einer Zeit und an einem Ort, der uns heute ebenso fremd und fern erscheint wie er es für die späteren Erbträger jener Kultur sein wird, die dort mit unserer Streitbarkeit und unserer Standfestigkeit ihren Anfang nimmt.

Wir aber werden uns und einen jeden unserer Art auf unserer Reise ohne Wiederkehr nicht zurücklassen und deshalb fortan beisammenbleiben."

Der Vollerwachte hatte sich erhoben und war alleine auf den Weg, den die anderen nicht mit ihm gehen sollten, getreten und schritt eilig davon.

Ananda hatte sich voll neuer Kraft und Freude bereits in die andere Richtung in Bewegung gesetzt, und die kleine Gruppe folgte ihm in tiefer Nachdenklichkeit und allen schien es, als ginge der Vollerwachte in der Himmelsrichtung zurück und in der Zeit voran.

Es traf sich aber, daß der Stab des Vermächtnisses weitergegeben wurde in der griechischen Stadt Athen um 470 v. Chr. an einen Knaben, der dem Hause eines Bildhauers und einer Hebamme entstammte.

Inhalt

1. Wanderschaft

2. Von Schülern und Gelehrten

3. Dispute

4. Über den Tod

Über den Autor

Helmut Barthel, geboren 1951 in Hamburg, schreibt seit seinem achten Lebensjahr. Sein beeindruckendes Werk umfaßt heute weit mehr als 1000 Gedichte und zwei Serien von über 100 Kurzerzählungen über bedeutende Religionsstifter und Philosophen von der Antike bis in die Gegenwart. Die Episoden des "Vollerwachten" gewährleisten in virtuellen Dialogen ebenso überraschende wie erhellende Höhepunkte.

2015 erschien der erste Teil seines Romans "Zauber kalt", dem zwei weitere folgen sollen. Die beiden Bände "Dichterstube, Kehricht Band 1 und 2" enthalten alle weiteren Gedichte verschiedenster Formate und Aphorismen, die in den fünf Büchern "Lyrik-Lesung" noch nicht veröffentlicht wurden. Verbliebenes vom Feinsten!

Helmut Barthel arbeitet als Verleger und Chefredakteur des Schattenblick und ist Verfasser nachhaltiger Fachartikel in den Bereichen Politik, Kultur, Philosophie und Sport. Seine Leidenschaft gilt der deutschen Sprache, besonders in verdichteter Gestalt.

Ein Zimmermann
in der Wüste

Es begab sich aber vielleicht auch ...
Eine heitere Exegese
neutestamentarischer Begebenheiten
von Helmut Barthel

Mit einer Exegese der besonderen Art
bietet Helmut Barthel in seinem Erzähl-
bändchen eine ganz neue, humorvolle,
bisweilen deftige Sicht auf 14 bekannte
neutestamentarische Episoden um den
Zimmermann Jesus von Nazareth und
seine Anhänger, der ganz ohne Religiosi-
tät und Frömmigkeit auskommt. Ein Le-
severgnügen und eine Entdeckungsreise
sowohl für moderne Christen wie auch
für Anhänger anderer Glaubensrichtun-
gen.

ISBN 978-3-925718-35-9

Zauber kalt

Ein Märchen für Erwachsene
von Helmut Barthel

Teil 1 - Bari in Inari

Folgt mir nun auf die Reise in eine ferne Vergangenheit, die der Zukunft doch so nahe ist wie die Worte, die ich gebrauchen werde, um Euch die Begebenheiten meiner Wan-derschaft an die Quellen der Zauberei zu erzählen. (H. B.)

ISBN 978-3-925718-34-2

Lyrik-Lesungen

Dichterstuben
Eine Auswahl
von Helmut Barthel

Lyrik-Lesung 1
vom 29. Mai 2013
ISBN 978-3-925718-29-8

Lyrik-Lesung 2
vom 7. August 2013
ISBN 978-3-925718-30-4

Lyrik-Lesung 3
vom 30. Oktober 2013
ISBN 978-3-925718-31-1

Lyrik-Lesung 4
vom 4. Dezember 2013
ISBN 978-3-925718-32-8

Lyrik-Lesung 5
vom 12. Februar 2014
ISBN 978-3-925718-33-5

Dichterstube

Kehricht
Band 1 und 2

von Helmut Barthel

Kehricht und Fegen,
zum Entsorgen frei.
Doch halt! Von wegen!
Noch ist was dabei.

Es mahnt mich an Reste
und mein langer Blick
eröffnet das Beste
vom Dichtergeschick.

(H.B.)

Band 1: ISBN 978-3-925718-26-7
Band 2: ISBN 978-3-925718-27-4

FSC
www.fsc.org

MIX

Papier | Fördert
gute Waldnutzung

FSC® C083411

Zeitfracht Medien GmbH
Ferdinand-Jühlke-Straße 7
99095 Erfurt, Deutschland
produktsicherheit@kolibri360.de